LA

L'instrument le plus grand, le plus gros, le plus grave de tout
l'orchestre est aussi le plus puissant, le plus beau, le plus
indispensable, dit d'abord le contrebassiste. Mais bientôt l'éloge
pompeux de cette encombrante compagne qui occupe toute sa
vie laisse transparaître les frustrations et les rancœurs du
musicien et de l'homme. Peu à peu, il la dénigre, il l'insulte, il la
maudit, il se révolte, il devient fou.
Comme le héros du *Parfum*, comme celui du *Pigeon*, le
personnage qui monologue ici incarne une solitude extrême,
exemplaire, métaphysique – et dont Patrick Süskind, avec le
prodigieux talent qu'on lui connaît, parvient cette fois à nous
faire rire aux larmes.

Dans Le Livre de Poche :

LE PARFUM.
LE PIGEON.

PATRICK SÜSKIND

La Contrebasse

TEXTE FRANÇAIS DE
BERNARD LORTHOLARY

FAYARD

Titre original :

DER KONTRABASS
édité par Diogenes Verlag AG, Zurich.

Droits de représentation (théâtre, télévision, cinéma) : Stefani
Hunzinger Bühnenverlag GmbH, Bad Homburg, Allemagne.

Une chambre. Quelqu'un passe un disque, la Deuxième Symphonie *de* Brahms, *et la fredonne en même temps. Bruits de pas qui s'éloignent et reviennent. Ce quelqu'un ouvre une bouteille et se verse de la bière.*

Attendez... ça va y être... Là! Vous entendez ça? Là! Maintenant! Vous entendez? Ça va revenir une seconde fois, le même passage, attendez.

Là! Là, vous entendez? Je veux parler des basses. Des contrebasses...

Il relève le bras de la platine, la musique s'arrête.

... C'est moi. C'est nous, si vous préférez. Mes collègues et moi. Orchestre National. La *Deuxième* de Brahms, il faut avouer que c'est impressionnant. Nous étions six, en l'occurrence. Effectif moyen. Au total, on est huit. Quelquefois, on nous envoie du renfort et on se retrouve à dix. Ou même à douze, ça s'est déjà vu : ça fait du bruit, c'est moi qui vous le dis, beaucoup de bruit. Douze contrebasses, si elles s'y mettent (en théorie, je veux dire), vous ne pouvez pas leur damer le pion, même avec l'orchestre au complet. Ne serait-ce qu'en décibels. Les autres n'ont plus qu'à aller se rhabiller. Mais si on n'est pas là, rien ne va plus. Posez la question à n'importe qui. N'importe quel musicien vous le dira : un orchestre peut toujours se passer de son chef, mais jamais de la contrebasse. Pendant des siècles, les orchestres se sont fort bien passés de chefs. D'ailleurs, quand on regarde l'évolution de l'histoire de la musique, le chef est une

invention tout à fait récente. Dix-neu-
vième siècle. Et je peux vous dire que,
même à l'Orchestre National, il nous
arrive plus d'une fois de jouer sans
nous soucier du chef. Ou en passant
complètement au-dessus de sa tête
sans qu'il s'en rende compte. On le
laisse s'agiter autant qu'il veut, à son
pupitre; et nous, on va notre petit
bonhomme de chemin. Pas quand
c'est le titulaire. Mais avec les chefs
de passage, à tous les coups. C'est un
de nos petits plaisirs. Difficile à vous
faire comprendre... Mais enfin c'est
un détail.

Inversement, il y a une chose qui
n'est pas pensable, c'est un orchestre
sans contrebasse. On peut même dire
(c'est une définition, que je vous
donne là) qu'un orchestre n'est un
orchestre qu'à partir du moment où il
y a une contrebasse. Il existe des
orchestres sans premier violon, sans
instruments à vent, sans percussions,
sans tambours ni trompettes, sans
tout ce que vous voulez. Mais pas
sans basse.

Ce que je veux dire, c'est qu'il est évident que la contrebasse est de très loin l'instrument le plus important de l'orchestre, ni plus ni moins. A le voir comme ça, on ne dirait pas.

Pourtant c'est lui qui constitue tout le fondement orchestral indispensable qui peut seul soutenir tout le reste de l'orchestre, y compris le chef. La basse, c'est donc les fondations sur lesquelles s'élève tout ce magnifique édifice, pour prendre une image. Supprimez la basse, et vous obtenez une confusion digne de la Tour de Babel, c'est Sodome et Gomorrhe, plus personne ne sait pourquoi il est en train de faire de la musique. Imaginez-vous (je prends un exemple) la symphonie en si mineur de Schubert *sans* les basses. C'est confondant. Plus la peine d'y penser. Prenez toute la littérature pour orchestre, depuis A jusqu'à Z (et que vous preniez ce que vous voulez, symphonies, opéras, concertos), vous pouvez tout flanquer à la poubelle, tel quel, dès que vous n'avez plus de contrebasses. Et demandez donc à un musicien d'orchestre à quel moment il commence à ramer. Demandez-lui! Quand il n'entend plus la contrebasse. C'est la débandade. Dans un ensemble de jazz, c'est encore plus net. Un ensemble de jazz, ça s'écroule comme si on l'avait dynamité (je prends une image) dès que la basse s'arrête. Les autres musiciens, tout d'un coup, ont l'impression que tout ça n'a plus de sens. Par ailleurs, je suis contre le jazz, et le rock, et toutes ces choses-là. Toute ma formation d'artiste classique me porte vers ces valeurs que sont le Beau, le Bon et le Vrai : aussi ai-je particulièrement horreur de cette anarchie que représente l'improvisation libre. Mais enfin c'est un détail...

Je voulais juste souligner pour commencer cette évidence : c'est que mon instrument, la contrebasse, est *le* centre de l'orchestre. D'ailleurs, au fond, tout le monde le sait bien. Seulement personne ne veut en convenir franchement, parce que les musiciens d'orchestre sont par nature plutôt jaloux.

De quoi aurait-il l'air, notre *Konzert-meister*, tout premier violon qu'il est, s'il devait avouer que sans la contrebasse il se retrouverait le bec dans l'eau? Symbole dérisoire de sa vaniteuse superfluité?! De quoi aurait-il l'air, je vous le demande? De pas grand-chose. Permettez que je boive une gorgée...

Il boit un peu de bière.

Je suis d'un naturel modeste. Mais je suis musicien et je sais où je pose les pieds; je connais le sol nourricier où tout musicien s'enracine; la source vive où puise toute création musicale; le pôle générateur dont les reins (c'est une image) font jaillir la semence musicale... : c'est moi!... Je veux dire que c'est la basse. La contrebasse. Et tout le reste n'est que le pôle opposé. Ne devient pôle qu'à partir du moment où la basse est là. Par exemple, une soprane. Prenons l'opéra. La soprane représente, comment dirais-je... Vous savez, nous avons maintenant à l'Opéra une jeune soprane, une mezzo-soprano... J'ai entendu des tas de voix, mais celle-là est vraiment émouvante. Cette femme m'émeut au plus profond de moi-même. C'est presque une jeune fille encore, vingt-cinq ans à peine. Moi, j'en ai trente-cinq. J'en aurai trente-six en août. Toujours quand l'orchestre est en vacances. Une fille splendide. Bouleversante... Mais c'est un détail.

Eh bien, la soprano (prenons cet exemple) représente ce qu'on peut imaginer de plus opposé à la contrebasse, du point de vue humain et du point de vue de la sonorité instrumentale. Et dans cette mesure, donc, ce soprano... ou mezzo-soprano... serait précisément ce pôle opposé à partir duquel... ou plutôt en direction duquel... ou en corrélation avec lequel la contrebasse ferait irrésistiblement (ou presque) jaillir l'étincelle musicale, d'un pôle à l'autre, de la basse au soprane, ou au mezzo, jaillir vers le ciel, telle l'alouette allégorique... divine, planant tout là-haut, surplom-

bant l'univers entier, cosmique, infiniment pulsionnelle, érotique, sexuelle,
pour ainsi dire... et pourtant prison-
nière du magnétisme foncièrement
terrestre de la contrebasse, de son
rayonnement archaïque, la contrebasse est archaïque, si vous comprenez ce que je veux dire... Et ce n'est
que comme cela que la musique est
possible. Car c'est dans cette tension
entre ici et là-bas, entre la hauteur et
la profondeur, les aigus et les graves,
c'est là que se joue tout ce qui a un
sens en musique, c'est là que s'engen-
drent le sens et la vie de la musique,
que s'engendre la vie elle-même... Eh
bien, je vous le dis, cette chanteuse
(soit dit en passant)... au fait, elle
s'appelle Sarah, je vous le dis, un de
ces jours, elle va faire un triomphe. Si
je m'y connais en musique, et je m'y
connais, elle fera un triomphe. Et
nous y serons pour beaucoup, nous
autres de l'orchestre, et tout spéciale-
ment, je vous le dis, nous autres bassistes. C'est tout de même une satis-
faction. Bon. Donc, je récapitule : la

contrebasse est l'instrument *fondamental* de l'orchestre, du fait de son registre fondamentalement grave. En un mot, la contrebasse est l'instrument à cordes le plus grave. Permettez, peut-être, que je vous montre... Un instant...

Il reprend une gorgée de bière, se lève, prend son instrument, tend l'archet.

... d'ailleurs, ce qu'il y a de mieux dans ma basse, c'est l'archet. Un Pfretzschner! Il vaut actuellement la bagatelle de deux mille cinq cents marks. Quand je l'ai acheté, je l'ai payé trois cent quarante marks. C'est dingue comme les prix ont grimpé en dix ans, pour ces choses-là. Enfin, bon.

Eh bien, écoutez ça.

Il joue la corde la plus grave.

Vous entendez? Contre-mi. Très exactement quarante et un hertz virgule deux, si elle est bien accordée. Y a aussi des basses qui vont plus loin dans les graves. Jusqu'au do ou même jusqu'au si. Ce qui ferait, du coup, trente hertz virgule neuf. Mais pour ça, il faut une basse à cinq cordes. La mienne est à quatre cordes. Si on lui en mettait cinq, elle ne tiendrait pas le coup, elle casserait net. Dans l'orchestre, nous avons des cinq cordes, il en faut pour Wagner, par exemple. La sonorité n'est pas terrible, parce que trente hertz virgule neuf, ce n'est plus vraiment une note, dans la mesure où déjà ça...

Il joue de nouveau un mi.

... c'est tout juste encore une note, c'est plutôt un frottement, quelque chose de... comment dire... de forcé, ça grince plus que ça ne sonne. Enfin, moi, mon registre me convient parfaitement. Il faut vous dire que dans les aigus, je n'ai rien qui me limite, en théorie; il n'y a que des limites pratiques. Tenez, par exemple, si je vais

jusqu'au fond de la touche, je monte
jusqu'à l'ut troisième...

Il le joue.

... là, ut troisième, contre-contre-ut.
Alors, vous allez me dire : terminé!
Parce qu'une fois arrivé au bout de la
touche, on ne peut plus appuyer sur
une corde. Pensez-vous! Tenez.

Il joue les harmoniques.

Et ça?

Il monte plus haut.

Et ça?

Il monte encore plus haut.

Flageolet. C'est le nom de cette
technique. On pose juste le doigt sur
la corde et on arrive à chatouiller les
harmoniques. Comment ça marche
acoustiquement, je ne vais pas me
mettre à vous l'expliquer, ça nous

entraînerait trop loin. N'avez qu'à
regarder dans un dictionnaire, tout à
l'heure. Toujours est-il que je pourrais
comme ça monter tellement haut,
théoriquement, qu'on ne m'enten-
drait plus. Vous allez voir...

*Il joue une note si aiguë qu'elle est
inaudible.*

Vous voyez? Vous n'entendez plus
rien. Voilà! Pour vous dire les possi-
bilités que cet instrument a dans
le ventre, acoustiquement, théoriquement. Seulement on ne les exploite
pas, musicalement, pratiquement. Et
pour les instruments à vent, c'est la
même chose. Et aussi pour les gens,
d'une manière générale – je parle au
figuré. Je connais des gens qui ont en
eux tout un monde, un monde
immense. Seulement ça reste enfoui,
on n'exploiterait pas ça pour un
empire. Mais enfin, c'est un détail...
Quatre cordes. Mi, la, ré, sol.

Il les joue pizzicato.

Tout en acier, entouré d'un fil de chrome. Autrefois, c'était du boyau. C'est sur la corde de sol, ici, en haut, qu'on joue surtout en solo, quand on en a la possibilité. Ça coûte une fortune, une corde. Je crois qu'un jeu de cordes, ça vaut à l'heure actuelle près de cent soixante marks. Quand j'ai débuté, ça en coûtait quarante. C'est dingue, les prix. Bon. Donc, quatre cordes, accordées de quarte en quarte : mi, la, ré, sol. Plus une corde de do ou de si dans les basses à cinq cordes. C'est aujourd'hui la règle absolue, depuis l'Orchestre Symphonique de Chicago jusqu'à l'Orchestre d'État de Moscou. Mais avant d'en arriver là, que d'empoignades! Rien n'était uniforme : ni le nombre de cordes, ni la façon de les accorder, ni même la taille de l'instrument. Il n'y a que la contrebasse, de tous les instruments, qui ait eu autant de modèles différents... Vous permettez qu'en même temps je prenne un peu de bière, c'est dingue, ce que je peux me déshydrater... Aux XVIIe et XVIIIe siècles, c'était la pagaille la plus totale : basse de gambe, grande basse de viole, grand violon à frettes, subtraviolon sans frettes; accords de tierce, de quarte, de quinte; basses à trois, à quatre, à six, à huit cordes, ouïes en forme de « f » ou de « c »... De quoi vous rendre fou. Jusqu'en plein XIXe siècle, ils ont en France et en Angleterre une basse à trois cordes accordées à la quinte; en Espagne et en Italie, trois cordes, mais à la quarte; tandis qu'en Allemagne et en Autriche, c'est une basse à quatre cordes accordées à la quarte. Après, les Allemands ont imposé les quatre cordes et l'accord de quarte, tout simplement parce qu'à l'époque les meilleurs compositeurs étaient allemands. Encore qu'une basse à trois cordes ait un plus beau son. Ça grince moins, c'est plus mélodieux, c'est tout simplement plus beau. Mais en revanche les Allemands avaient Haydn, Mozart, les fils Bach. Et ensuite Beethoven et tous les romantiques. Eux, la sonorité de la contrebasse, ils s'en foutaient. Pour eux, la basse n'était rien que le tapis sonore où ils pouvaient poser leurs œuvres symphoniques... lesquelles restent jusqu'à aujourd'hui ce qu'il y a de plus grand en matière de musique. Tout cela repose sans conteste sur les épaules de la contrebasse à quatre cordes, depuis 1750 jusqu'en plein XXᵉ siècle : deux siècles entiers de musique d'orchestre. Et c'est cette musique-là qui a balayé la basse à trois cordes.

Laquelle s'est défendue, naturellement, vous l'imaginez bien. A Paris, tant à l'Opéra qu'au Conservatoire, on a continué à jouer sur trois cordes jusqu'en 1832. L'année de la mort de Goethe, comme chacun sait. Mais alors Cherubini a mis les trois cordes au rencart. Luigi Cherubini. Italien, certes, mais plutôt allemand par ses goûts musicaux. Ne jurait que par Gluck, par Haydn, par Mozart. Il était à ce moment-là surintendant de la

musique à Paris. Et c'est lui qui a
tranché dans le vif. Ce fut un beau
tollé, vous pensez bien. Une clameur
indignée s'éleva des rangs des contrebassistes français, en voyant cet Italien germanophile leur enlever leurs
trois cordes. Il n'en faut pas beaucoup pour indigner les Français. Dès
qu'une idée de révolte germe quelque
part, on sait bien que les Français
l'adoptent. C'est ce qui s'est passé au
XVIIIe siècle, même chose au XIXe, et
ça a continué au XXe siècle, et jusqu'à
maintenant. J'étais à Paris début mai :
il y avait grève des éboueurs, grève du
métro, des coupures de courant trois
fois par jour, et une manifestation de
quinze mille personnes. Vous n'imagineriez pas dans quel état étaient les
rues, après. Tous les magasins sacca-
gés, les vitrines brisées, les voitures
tout éraflées, le sol jonché d'affiches,
de tracts, de toutes sortes de papiers
qu'ils n'avaient même pas ramassés...
Bref, croyez-moi, c'était à faire peur.
Enfin, bon. Toujours est-il qu'à l'époque, en 1832, ça ne les a avancés à

rien. La contrebasse à trois cordes a bel et bien disparu, et définitivement. Faut dire que c'était pas supportable, cette absence d'uniformité. Encore que ce soit bien dommage, car enfin elle avait un son bien plus beau que.. que celle-ci...

Il tapote sa contrebasse.

... Elle avait un registre moins étendu, mais la sonorité était meilleure...

Il boit.

... Mais, vous voyez, c'est souvent comme ça. Les meilleures choses sont éliminées, parce que la marche du temps leur est contraire. Le temps marche en écrasant tout sur son passage. En l'occurrence, ce sont nos classiques qui ont liquidé froidement tout ce qui n'allait pas dans leur sens. Pas consciemment. Ne me faites pas dire ce que je n'ai pas dit. Nos classiques, pris en eux-mêmes, étaient tous

des gens très bien. Schubert n'aurait
pas fait de mal à une mouche. Mozart
n'était pas toujours très convenable,
c'est vrai, mais d'un autre côté c'était
une nature infiniment sensible, sans
absolument rien de violent. Beethoven non plus. Même s'il piquait des
crises de fureur. Beethoven a ainsi
réduit en miettes plusieurs pianos.
Mais jamais de contrebasse, il faut
lui reconnaître ça. D'ailleurs il n'en
jouait pas. Le seul grand compositeur
qui ait joué de la contrebasse, c'est
Brahms, ou du moins son père... Beethoven ne jouait d'aucun instrument
à cordes, uniquement du piano, on
oublie cela un peu trop de nos jours.
A la différence de Mozart, qui jouait
du violon presque aussi bien que du
piano. A ma connaissance, d'ailleurs,
Mozart a été le seul grand compositeur capable d'interpréter tout aussi
bien ses propres concertos pour piano
que ses propres concertos pour violon. A part lui, je ne vois guère que
Schubert, à la rigueur. A la rigueur!
Sauf qu'il n'en a pas écrit. Et que ce

n'était pas non plus un virtuose. Non, Schubert n'avait vraiment rien d'un virtuose. Il n'avait pas le type, pour commencer, ni la technique. Vous imaginez Schubert en virtuose? Moi, je n'y arrive pas. Il avait une voix tout à fait agréable, ça oui; mieux faite pour la chorale que pour des solos. A une époque, Schubert chantait toutes les semaines en quatuor, en particulier avec l'auteur dramatique Nestroy. Je parie que vous ne le saviez pas. Nestroy était le baryton-basse, et Schubert chantait... Mais je suis en train de dévier. Cela n'a rien à voir avec le problème que je vous expose. Car enfin, si ça vous intéresse de savoir quelle voix chantait Schubert, ne vous privez pas, après tout ça se trouve dans n'importe quelle biographie. Je ne vois pas pourquoi ce serait moi qui devrais vous en parler. Après tout, je ne suis pas un bureau de renseignements pour mélomanes...

La contrebasse est le seul instrument qu'on entende d'autant mieux qu'on est loin. Et ça, ça pose un

problème. Tenez, ici, chez moi, j'ai
tout fait équiper de panneaux insono-
risants : les murs, le plafond, le sol.
J'ai une double porte, capitonnée à
l'intérieur. La fenêtre est en double
vitrage spécial, avec des joints tout
autour. Une fortune, ça m'a coûté.
Mais ça donne un taux d'isolation
phonique de 95 %. Est-ce que vous
entendez le moindre bruit de la ville?
J'habite ici en plein centre. Vous ne
me croyez pas? Un instant...

*Il va vers la fenêtre et l'ouvre.
Aussitôt pénètre un monstrueux vacarme : voitures, chantiers, camions
de voirie, marteaux-piqueurs, etc.*
Il est obligé de hurler.

... Vous entendez ça? Ça fait autant
de bruit que le *Te Deum* de Berlioz.
Infernal. On démolit l'hôtel d'en face
et un peu plus loin, au carrefour, ça
fait deux ans qu'on construit une sta-
tion de métro, alors la circulation est
déviée et passe sous mes fenêtres. En
plus c'est mercredi, le jour où passent

les éboueurs, d'où ces grands coups rythmés... Tenez, là! Ce vacarme, ce fracas assourdissant, cent deux décibels à peu de chose près. Oui, j'ai mesuré, un jour. Je pense que maintenant, ça suffit. Je peux refermer...

Il ferme la fenêtre. Silence complet. Il reprend sans forcer la voix.

... Là. Quand je vous le disais! C'est de l'isolation, ou je ne m'y connais pas. On se demande comment vivaient les gens, autrefois. Parce que, ne croyez pas qu'autrefois il y avait moins de bruit que maintenant. Wagner écrit que dans tout Paris il n'a pas pu trouver de logement, parce que dans chaque rue on trouve un atelier de chaudronnier. Or, à l'époque, pour autant que je sache, Paris avait déjà plus d'un million d'habitants, n'est-ce pas? Et un chaudronnier... je ne sais pas qui d'entre vous a déjà entendu ça, c'est bien le vacarme le plus abominable qui puisse frapper l'oreille d'un musicien. Un type qui

tabasse interminablement une plaque
de métal à coups de marteau! Et à
l'époque, les gens travaillaient du
lever au coucher du soleil. Enfin, c'est
ce qu'on prétend. Ajoutez le fracas
des voitures à cheval sur les pavés, les
braillements des marchands ambu-
lants, et cette suite ininterrompue de
bagarres et de révolutions, qui en
France sont faites par le peuple lui-
même, le petit peuple, la populace la
plus répugnante, tout le monde sait
ça. En plus, à Paris, ils construisaient
un métro dès la fin du XIXe siècle, et
n'allez pas croire que ça se pas-
sait plus silencieusement alors qu'à
l'heure actuelle. Au demeurant, je
suis assez réservé à l'égard de
Wagner, mais enfin c'est un détail...

Bon. Et maintenant écoutez bien.
Nous allons faire une expérience. Ma
basse est un instrument tout ce qu'il y
a de normal. Construite en 1910, à
peu de chose près, vraisemblablement
dans le Tessin, la caisse fait un mètre
douze, l'ensemble un mètre quatre-
vingt-douze jusqu'à la spirale, les cor-

des vibrent sur un mètre douze aussi.
Ce n'est pas un instrument extraordinaire, mais disons qu'il se classe dans
une très honorable moyenne; par les
temps qui courent, je pourrais en
demander dans les vingt-six mille
francs. Je l'ai acheté dix mille. C'est
dingue. Bon. Eh bien, je vais vous
jouer une note, mettons un fa
grave...

Il joue tout doucement.

... Là. Ça, c'était pianissimo. Maintenant, je joue piano...

Il joue un peu plus fort.

... Ne vous occupez pas du frottement. C'est normal. Une note pure,
où on n'aurait que la vibration, sans
le frottement de l'archet, ça n'existe
pas, même chez Yehudi Menuhin.
Bon. Et maintenant je vais jouer entre
mezzo-forte et forte. Et, je le répète,
la pièce est parfaitement insonorisée...

Il joue encore un peu plus fort.

... Là. Il n'y a plus qu'à attendre un peu... Une seconde encore... Ça vient...

On entend frapper des coups au plafond...

Tiens! Vous entendez? C'est Mme Niemeyer, la voisine du dessus. Dès qu'elle entend la moindre chose, elle tape, et je sais que j'ai dépassé la limite du mezzo-forte. A part ça, c'est une femme très gentille. Et pourtant, quand on est ici, tout près, ce n'est pas très fort, c'est plutôt discret. Si maintenant je joue par exemple fortissimo... Une seconde...

Il se met à jouer aussi fort que possible et il crie pour couvrir le grondement de la basse.

Ce n'est pas monstrueusement fort, dirait-on, et pourtant ça monte

jusqu'au-dessus de chez Mme Niemeyer, et ça descend jusque chez le
gardien, et ça passe dans l'immeuble
d'à côté, ils téléphoneront tout à
l'heure...

Oui. Et voilà ce que j'appelle la
puissance de choc de cet instrument.
Cela tient aux basses fréquences. Une
flûte, si vous voulez, ou bien une
trompette a davantage de timbre, à ce
qu'on se figure. Mais c'est pas vrai.
Elles n'ont pas de puissance. Pas de
portée. Pas de *body*, comme disent les
Américains. Moi, j'ai du *body*, ou du
moins mon instrument a du *body*. Et
c'est tout ce que je lui trouve. Sinon,
il n'a rien pour lui. Sinon, c'est une
catastrophe intégrale.

Il met un disque : le prélude de
La Walkyrie.

Le prélude de *La Walkyrie*. Autant
dire *Les Dents de la mer*. Contrebasses et violoncelles à l'unisson. On joue
peut-être cinquante pour cent des

notes qui sont marquées. Tenez, ça...

Il chante la partie de contrebasse.

... ces montées qui se bousculent, ce sont en réalité des quintolets et des sextolets. Six notes distinctes! A cette vitesse invraisemblable! Parfaitement injouable. Alors, on les bouscule tant bien que mal. Est-ce que Wagner s'en rendait compte, on ne le sait pas. Vraisemblablement, non. De toute façon, il s'en fichait. D'ailleurs, il méprisait l'orchestre en bloc. C'est bien pourquoi, à Bayreuth, il le cachait, en prétextant des raisons d'acoustique. En réalité, parce qu'il méprisait l'orchestre. Et ce qui lui importait avant tout, c'était le bruit : la musique de théâtre, précisément, vous comprenez? Le décor musical, l'œuvre totale *et caetera*. La note de musique en elle-même ne joue plus aucun rôle dans cette affaire. C'est pareil, du reste, dans la *Sixième* de Beethoven, ou au dernier acte de

Rigoletto... Quand éclate un orage, ils fourrent dans la partition d'énormes tas de notes qu'aucune contrebasse au monde ne pourra jamais jouer. Aucune. D'une façon générale, on ne nous fait pas de cadeaux. Nous sommes bien ceux qui doivent s'échiner le plus. A la fin d'un concert, je ruisselle de sueur, jamais je ne peux mettre une chemise deux fois de suite. Pour un opéra, je transpire en moyenne deux litres; pour un concert symphonique, un bon litre tout de même. J'ai des collègues qui courent en forêt et font des haltères. Moi, non. Mais un de ces jours, je vais m'effondrer au beau milieu de l'orchestre et ne plus jamais m'en remettre. Parce que jouer de la contrebasse, c'est une pure et simple affaire de force, ça n'a foncièrement rien à voir avec la musique. D'ailleurs, jamais on ne verra un enfant jouer de la contrebasse. Moi, j'ai commencé à dix-sept ans. A présent, j'en ai trente-cinq. Je ne me suis pas retrouvé contrebassiste parce que je l'avais décidé. Plutôt comme la

jeune fille se retrouve enceinte : par
hasard. Après être passé par la flûte
douce, le violon, le trombone, et le
dixieland. Mais c'est loin, tout ça; et à
présent je suis contre le jazz. Du
reste, je ne connais pas un seul collè-
gue qui soit devenu contrebassiste
parce qu'il l'aurait décidé. Et on com-
prend bien ça. L'instrument n'est pas
précisément maniable. Une contrebasse, c'est plutôt, comment dire, un
embarras qu'un instrument. Vous ne
pouvez guère la porter, il faut la traî-
ner; et si vous la faites tomber, elle
est cassée. Dans une voiture, elle ne
rentre qu'à condition d'enlever le
siège avant droit. A ce moment-là, la
voiture est pratiquement pleine. Dans
un appartement, elle se trouve sans
cesse sur votre chemin. Elle est plantée là... avec un air si bête, vous
voyez... mais pas comme un piano.
Un piano, c'est un meuble. Vous pouvez le fermer et le laisser là où il est.
Elle, non. Elle est toujours plantée là
comme... Dans le temps, j'avais un
oncle qui était toujours malade et qui

n'arrêtait pas de se plaindre qu'on ne
s'occupait pas de lui. La contrebasse
est comme ça. Quand vous avez des
invités, elle se met tout de suite à faire
l'intéressante. On ne parle plus que
d'elle. Quand vous voulez être seul
avec une femme, elle est là qui sur-
veille tout. Si les choses se précisent...
elle est là qui regarde. Vous avez
toujours l'impression qu'elle rigole :
elle rend l'acte sexuel ridicule. Et
cette impression se communique naturellement à votre partenaire, alors...
je ne vous apprendrai rien en vous
disant qu'entre l'amour physique et le
ridicule il n'y a qu'un pas, et que
pourtant ça va très mal ensemble!
Quelle misère! C'est proprement in-
convenant. Excusez-moi un instant...

Il arrête la musique et il boit.

... Je sais. Cela n'a rien à voir ici. Et
d'ailleurs, au fond, ça ne vous
concerne pas. Peut-être que ça vous
met mal à l'aise, voilà tout. Et sans
doute avez-vous aussi vos problèmes,

dans ce domaine. Mais j'ai bien le droit de me mettre en rogne. Et de dire, pour *une* fois, ce que j'ai sur le cœur, pour qu'on n'aille pas s'imaginer qu'un membre de l'Orchestre National n'a pas, lui aussi, des problèmes de cet ordre. Parce que ça fait deux ans que je n'ai pas eu de femme, et la faute à qui ? A elle ! La dernière fois, en 1978, je l'avais cachée dans la salle de bains ; mais ça n'a servi à rien : son esprit était suspendu au-dessus de nous comme un point d'orgue...

Si jamais j'ai encore *une* femme... ce n'est guère vraisemblable, parce que j'ai déjà trente-cinq ans, mais il y a plus moche que moi, et malgré tout je suis fonctionnaire, et je suis encore capable de tomber amoureux !...

Vous savez, en fait !... je *suis* tombé amoureux. Ou du moins elle m'a tapé dans l'œil, je ne sais pas. Et elle n'en sait rien encore. C'est celle... dont je vous causais tout à l'heure... cette jeune chanteuse attachée à l'Opéra, elle s'appelle Sarah... C'est extrême-

ment invraisemblable, mais enfin si...
si un jour on en arrivait là, alors je
tiendrais absolument à ce qu'on fasse
ça chez elle. Ou bien à l'hôtel. Ou en
plein air, à la campagne, s'il ne pleut
pas...

S'il y a une chose que ma basse ne
supporte pas, c'est la pluie; quand il
pleut, elle en prend un coup, ou plutôt elle prend du ventre, elle gonfle,
elle n'aime pas ça du tout. C'est
comme le froid. Par temps froid, elle
se rétracte. Alors, vous en avez pour
deux bonnes heures à la réchauffer,
avant de pouvoir jouer. Avant, quand
j'étais encore dans l'orchestre de
chambre, on jouait un jour sur deux
en province, dans je ne sais quels
châteaux ou quelles églises, dans des
festivals d'hiver... Vous n'imagineriez
pas tout ce qui peut exister dans le
genre. En tout cas, il fallait à chaque
fois que je parte des heures à
l'avance, tout seul dans ma « volks »,
pour réchauffer ma basse, dans des
petits hôtels sinistres; ou dans des
sacristies, près de la chaudière;

comme une vieille malade. Ah, ça crée des liens. Ça favorise l'amour, c'est moi qui vous le dis. Une fois, en décembre 1974, on est restés coincés dans une tempête de neige, entre Ettal et Oberau. Deux heures, on a attendu d'être dépannés. Et je lui ai cédé mon manteau. Je l'ai réchauffée en la prenant contre moi. Au moment du concert, elle était *effectivement* réchauffée, et moi je couvais déjà une grippe épouvantable. Vous permettez que je boive...

Non, vraiment, on ne naît pas contrebassiste. On le devient, par des voies détournées, par l'effet du hasard et de la déception. Je peux bien dire que chez nous, à l'Orchestre National, sur huit contrebassistes il n'y en a pas un qui n'ait été malmené par la vie et qui ne porte sur le visage les traces des blessures qu'il en a reçues. Une destinée de contrebassiste typique, c'est par exemple la mienne : un père dominateur, fonctionnaire, aucun sens artistique; une mère faible, jouant de la flûte et passionnée par tous les arts; l'enfant que j'étais idolâtrait sa mère; ma mère n'avait d'yeux que pour mon père; mon père adorait ma petite sœur; et moi personne ne m'aimait... Je parle, subjectivement, bien sûr. Par haine pour mon père, je décidai de n'être pas fonctionnaire, mais artiste; mais, pour me venger de ma mère, je choisis l'instrument le plus grand, le plus encombrant, le moins fait pour jouer en solo; et pour la vexer quasi mortellement, tout en faisant un pied de nez à mon père dans sa tombe, voilà que je deviens tout de même fonctionnaire : contrebassiste à l'Orchestre National, troisième pupitre. Et là, jour après jour, je tombe à bras raccourcis sur le plus grand des instruments féminins (je parle de sa forme) et, par contrebasse interposée, je viole ma propre mère. Et ce perpétuel coït symbolique et incestueux est bien sûr un désastre moral perpétuel. Ce désastre moral, il est inscrit sur le visage de tous les bassistes. Voilà pour l'aspect psychanalytique de cet instrument. Seulement, ça ne sert pas à grand-chose de le savoir, parce que... la psychanalyse, elle est au bout du rouleau. Tout le monde le sait, aujourd'hui, que la psychanalyse est au bout du rouleau; et elle-même est la première à le savoir. Parce que, et d'une, la psychanalyse soulève beaucoup plus de questions qu'elle n'est capable d'en résoudre, comme une hydre (je parle au figuré) qui se trancherait elle-même la tête, et c'est là sa contradiction interne impossible à surmonter, et qui l'étouffe; et parce qu'ensuite la psychanalyse est aujourd'hui devenue marchandise courante. Tout le monde le sait. Tenez, sur les cent vingt-six musiciens de l'orchestre, plus de la moitié sont en analyse. Autant dire que ce qui, voilà un siècle, aurait été ou aurait pu être une découverte scientifique sensationnelle est désormais tellement normal que plus personne ne s'en émeut. A moins que cela vous étonne qu'il y ait dix pour cent de dépressifs? Ça vous étonne? Moi, ça ne m'étonne pas. Vous voyez.

Et je n'ai pas besoin de la psychanalyse pour ça. Il aurait été beaucoup
plus important (puisque nous en sommes à parler de ça) d'avoir la psychanalyse il y a cent ou cent cinquante
ans. Cela nous aurait par exemple
épargné un certain nombre de choses
de Wagner. Car enfin, ce type était
un névrotique profond. Une œuvre
comme *Tristan*, par exemple, la plus
grande qu'il ait produite, comment
est-elle née? Elle est née uniquement
parce qu'il couchait avec la femme
d'un ami qui l'a entretenu, lui
Wagner, pendant des années. Des
années! Et cette tromperie, ce... comment dire... ce comportement mina-
ble le tarabustait tellement lui-même
qu'il a été obligé d'en faire ce qui est
censément la plus grande tragédie
amoureuse de tous les temps. Refou-
lement total par sublimation totale.
« Félicité suprême... », gna-gna-gna...,
vous connaissez. C'est que l'adultère,
à l'époque, était encore une histoire
inhabituelle. Et maintenant, imaginez
un instant que Wagner soit allé racon-

ter son affaire à un analyste! Eh bien,
une chose est sûre : il n'y aurait
jamais eu de *Tristan*. Aucun doute,
car la névrose n'aurait plus eu assez
de force... Du reste, il battait aussi sa
femme, le Wagner. La première, bien
sûr. La seconde, non. Sûrement pas.
Mais la première, il la battait. Il était
odieux, cet homme. Capable d'être
tout sucre et tout miel, séduisant en
diable. Mais déplaisant. Je crois qu'il
ne se supportait pas lui-même. D'ailleurs, il avait tout le temps plein de
boutons qui lui venaient sur la figure,
tellement il était... teigneux. Enfin,
bon. Mais pour ce qui est de plaire
aux femmes, terrible. Forte attirance
sur les femmes, le bonhomme. Un
mystère...

Il réfléchit.

Il faut dire que la femme, dans la
musique, joue un rôle subalterne.
Dans la créativité musicale, je veux
dire, dans la composition. Elle joue
un rôle subalterne. A moins que vous

ne connaissiez *une* compositrice célè-
bre? Ne serait-ce qu'une? Vous
voyez! Est-ce que vous avez jamais
réfléchi à ça? Vous devriez y réfléchir. Réfléchir à la féminité dans la
musique en général, peut-être. Maintenant, il est sûr que la contrebasse
est un instrument féminin. Comme le
dit bien le genre du mot, c'est un
instrument féminin – mais grave
comme la mort. De même que la
mort (je parle du point de vue des
associations affectives) est féminine
par sa cruauté enveloppante, ou bien
(comme on veut) par sa fonction de
sein maternel inéluctable; et d'un
autre côté aussi parce qu'elle est le
pendant du principe vital, fécondité,
terre nourricière, *et caetera*, j'ai pas
raison? Et c'est dans cette fonction
(pour parler maintenant de nouveau
en termes musicaux) que la contrebasse, en tant que symbole de mort,
combat le néant absolu où aussi bien
la musique que la vie menacent de
sombrer. Nous autres contrebassistes,
vus sous cet angle, nous sommes les

cerbères qui veillent aux portes des
catacombes du néant; ou bien inversement nous sommes Sisyphe, hissant
inlassablement sur la pente tout le
poids sensuel de la musique entière
(au figuré, hein, entendons-nous bien,
s'il vous plaît), tandis qu'on le
méprise, qu'on lui crache dessus,
qu'on lui mange le foie... Ah non, ça,
c'était l'autre, c'était Prométhée... A
propos : l'été dernier, nous avons été
à Orange, dans le midi de la France,
avec l'Opéra au grand complet. Festi-
val. Représentation exceptionnelle de
Siegfried. Non, mais imaginez un
peu : dans l'amphithéâtre d'Orange,
un lieu qui date d'à peu près deux
mille ans, un édifice remontant à
l'une des époques les plus civilisées de
l'histoire humaine, sous les yeux de
l'empereur Auguste, voilà que toute la
tribu des dieux germaniques mène
grand tapage, le dragon crache du
feu, et ce grand pendard de Siegfried
arpente la scène avec toute sa graisse
et sa grossièreté de « boche », comme
on dit en France... On a touché douze

cents marks chacun, mais j'avais tellement honte de tout ce spectacle que
je n'ai pas joué une note sur cinq. Et
après, vous savez ce qu'on a fait,
après? Tous les musiciens de l'orchestre? On s'est soûlé la gueule, on s'est
conduit comme des voyous, on a
braillé jusqu'à trois heures du matin,
de vrais boches, il a fallu que la police
intervienne, on ne savait plus où se
mettre. Les chanteurs, malheureuse-
ment, s'étaient soûlés ailleurs, ils ne
se mêlent jamais à l'orchestre pour
finir la soirée. Sarah (vous savez,
cette jeune chanteuse) était avec eux,
elle aussi. Elle avait chanté le Petit
Oiseau de la Forêt. Les chanteurs
logeaient aussi dans un autre hôtel
que nous. Sinon, on se serait peut-
être rencontrés là-bas...

Je connais un type qui a eu une
liaison avec une chanteuse pendant
un an et demi, mais c'était un violoncelliste. Il faut dire qu'un violoncelle,
c'est moins encombrant qu'une basse.
Cela ne prend pas autant de place,
entre deux êtres qui s'aiment. Ou qui

voudraient s'aimer. Et puis il y a
autant de pages qu'on veut pour violoncelle solo (côté prestige, maintenant) : le concerto pour piano de
Tchaïkovski, la quatrième symphonie
de Schumann, *Don Carlos, et caetera*.
Et pourtant, je peux vous dire que ce
type s'est fait complètement bouffer
par sa chanteuse. Il a fallu qu'il
apprenne le piano, pour l'accompa-
gner. C'est elle qui l'a exigé, ni plus,
ni moins; et lui, uniquement parce
qu'il l'aimait... en tout cas, ça n'a pas
traîné, il s'est retrouvé répétiteur atti-
tré de la femme qu'il aimait. Un répétiteur lamentable, du reste. Quand ils
travaillaient ensemble, elle l'écrasait
complètement. Elle l'humiliait littéra-
lement; c'est ça, la face cachée de la
lune de miel. Avec ça, côté violoncelle, c'était un bien meilleur virtuose
qu'elle, avec sa voix de mezzo; bien
meilleur, aucune comparaison. Mais il
fallait absolument qu'il l'accompagne,
c'est lui qui voulait absolument jouer
avec elle. Et, pour violoncelle et
soprano, il y a peu de choses. Très

peu. Presque aussi peu que pour soprano et contrebasse.

Vous savez, je suis souvent très seul. Je reste le plus souvent seul chez moi, quand je ne travaille pas; j'écoute quelques disques, je travaille de temps en temps mes partitions, ça ne m'amuse pas, c'est toujours la même chose. Ce soir, nous avons la grande première de *L'Or du Rhin*, sous la direction de Carlo Maria Giulini, et le Premier Ministre sera assis au premier rang; rien que le dessus du panier, les billets coûtent jusqu'à trois cent cinquante marks, c'est dingue. Mais moi je m'en fiche. D'ailleurs, je ne répète pas. On est huit, dans *L'Or du Rhin*, alors qu'est-ce que ça fiche, ce que tel ou tel peut jouer? Si le chef de pupitre se débrouille à peu près, les autres emboîtent le pas... Sarah chante aussi. Le rôle de Wellgunde. Tout au début. Ce n'est pas un petit rôle, pour elle, c'est l'occasion de se distinguer. A vrai dire, c'est pas de chance, de devoir se distinguer dans Wagner.

Mais on ne choisit pas. Ni chez eux,
ni chez nous... Normalement, on a
répétition de dix à une heure, et puis
on joue le soir de sept à dix. Le reste
du temps, je suis chez moi, dans cette
pièce insonorisée. Je bois quelques
bières, à cause de la déshydratation.
Et parfois je la mets dans le fauteuil
en rotin, là en face de moi, je l'appuie
bien et je pose l'archet à côté, et je
m'assois ici dans le fauteuil de cuir.
Et je la regarde. Et alors je pense :
quel instrument hideux! Je vous en
prie, regardez-la. Non, mais regardez-
la! Elle a l'air d'une grosse bonne
femme, et vieille. Les hanches beaucoup trop basses, la taille complètement ratée, beaucoup trop marquée
vers le haut, et pas assez fine; et puis
ce torse étriqué, rachitique... à vous
rendre fou. C'est parce que, d'un
point de vue historique, la contrebasse est le résultat d'un métissage.
Elle a le bas d'un gros violon et le
haut d'une grande viole de gambe. La
contrebasse est l'instrument le plus
affreux, le plus pataud, le plus inélé-

gant qui ait jamais été inventé. Le Quasimodo de l'orchestre. Il y a des moments où j'aurais envie de le mettre en morceaux. A coups de scie, à coups de hache. D'en faire des copeaux, de la sciure, de la poussière, et de le voir partir dans la chaudière d'un gazogène!... Non, je n'ai pas l'amour de mon instrument, on ne peut vraiment pas dire. Du reste, il est épouvantable à jouer. Pour trois demi-tons, il vous faut toute la main. Pour trois demi-tons! Tenez, par exemple...

Il joue trois demi-tons.

... Et si jamais je joue une corde du bas jusqu'en haut...

Il le fait.

... J'ai le plaisir de changer onze fois de position de main. C'est même pas du sport, c'est de la musculation. Et sur toutes les cordes, il vous faut appuyer comme un dingue, regardez mes doigts. Tenez! J'ai de la corne au bout des doigts, regardez, et des sillons, tout durs. Avec ces doigts, je ne sens plus rien. Je me suis brûlé les doigts, l'autre jour, je n'ai rien senti, je ne m'en suis aperçu qu'à l'odeur de la corne brûlée. C'est de l'automutilation. Même les forgerons n'ont pas le bout des doigts dans un état pareil. Et avec ça, j'ai plutôt les mains fines. Pas du tout faites pour cet instrument. D'ailleurs, au départ, je jouais du trombone. Et quand je me suis mis à la basse, je n'avais pas beaucoup de force dans le bras droit, et il en faut, sinon vous ne tirez pas un son de cette saleté de caisse, sans même parler d'un son qui soit beau. Enfin, un beau son, vous pouvez toujours courir, parce que jamais il ne sortira un beau son de ce machin... On ne peut pas appeler ça des sons, plutôt des... Je ne voudrais pas être grossier, mais je pourrais vous dire ce que c'est... C'est ce qui existe de plus laid, comme bruit! Personne ne peut tirer d'une contrebasse quelque chose de

beau, si le mot a encore un sens.
Personne. Même les plus grands solistes; ça tient à la physique, pas aux capacités des gens, car la contrebasse n'a pas les harmoniques qu'il faudrait, un point c'est tout, et c'est pour ça qu'elle a toujours une sonorité atroce, toujours, et c'est pour ça que la contrebasse solo est une ânerie monumentale, même si la technique ne cesse de se perfectionner depuis cent cinquante ans, même s'il y a pour contrebasse des concertos, des sonates en solo, des suites, et même si demain débarque un petit génie qui joue la chaconne de Bach à la contrebasse, ou un caprice de Paganini... C'est tout de même atroce et ça le restera, parce que le son est atroce et le restera... Bon, et maintenant je vais vous faire entendre *le* grand morceau de bravoure, le fin du fin en matière de contrebasse, une sorte de concert du couronnement de la contrebasse, de Karl Ditters von Dittersdorf, écoutez ça...

Il met le premier mouvement du concerto en mi majeur de Dittersdorf.

Eh bien, voilà. Dittersdorf, concerto en mi majeur pour contrebasse et orchestre. En réalité, il s'appelait Ditters tout court. Karl Ditters. Il a vécu de 1739 à 1799. En même temps, il était intendant des Eaux et Forêts. Et maintenant, dites-moi franchement : c'était beau? Vous voulez le réentendre? Je ne vous parle pas de la composition, je vous parle uniquement du son! La cadence? Vous voulez réentendre la cadence? Mais elle est à mourir de rire, cette cadence! Tout ça vous a une sonorité, mais à pleurer! Et pourtant, c'est un premier soliste, je préfère ne pas vous dire son nom, parce qu'il n'y est vraiment pour rien. Ni Dittersdorf lui-même, le pauvre : à l'époque, les gens étaient forcés d'écrire des trucs comme ça, on leur commandait. Il a écrit une quantité dingue de trucs, Mozart à côté c'est de la gnognote, plus de cent symphonies, trente opéras, tout un tas de sonates pour clavecin et autres broutilles, et puis trente-cinq concertos pour instruments solistes, dont celui pour contrebasse. Dans toute la littérature, il existe plus de cinquante concertos pour contrebasse et orchestre, tous écrits par des compositeurs assez obscurs. A moins que vous ne connaissiez Johann Sperger? Ou Domenico Dragonetti? Ou Bottesini? Ou Simandl, ou Koussévitski, ou Hotl, ou Vanhal, ou Otto Geier, ou Hoffmeister, ou Othmar Klose? Est-ce que vous en connaissez un? Ce sont les grands de la contrebasse. Au fond, tous des gens comme moi. Des gens qui, par désespoir pur et simple, se sont mis à composer. Et les concertos sont à l'avenant. Parce que : un compositeur digne de ce nom n'écrit pas pour la contrebasse, il a trop de goût pour ça. Et s'il écrit pour contrebasse, c'est par plaisanterie. Il existe un petit menuet de Mozart, Köchel 334 : à mourir de rire! Ou encore le numéro

cinq du *Carnaval des Animaux* de
Saint-Saëns : « L'Éléphant », pour
contrebasse solo et piano, allegretto
pomposo, ça dure une minute et
demie : à mourir de rire! Ou bien,
dans la *Salomé* de Richard Strauss,
les cinq phrases pour contrebasse,
quand Salomé regarde dans la ci-
terne : « Comme il fait noir dans ce
trou! Ce doit être affreux de vivre
dans un antre aussi sombre. Cela sem-
ble un tombeau... » Une page à cinq
parties de contrebasse. Effet terri-
fiant. Le spectateur en a la chair de
poule. Le bassiste également. Quelle
angoisse!...

   Il faudrait faire davantage de musique de chambre. Peut-être même que
ce serait amusant. Mais qui irait me
prendre dans un quintette, avec ma
contrebasse? Ça ne vaut pas le coup.
Les jours où ils ont besoin d'un bassiste, ils louent ses services en plus.
Même chose pour le septuor ou l'octuor. Mais ce n'est pas moi qu'ils
prennent. Il y a deux ou trois bassistes
dans tout le pays qui jouent tout. L'un

parce qu'il a sa propre agence, l'autre parce qu'il est au Philharmonique de Berlin et le troisième parce qu'il est au conservatoire de Vienne. En face de ça, les gens comme moi ne font pas le poids. Et pourtant, il y aurait un si joli quintette de Dvorak. Ou de Janacek. Ou l'octuor de Beethoven. Ou peut-être même Schubert, le quintette *La Truite.* Vous savez, ce serait le fin du fin, je parle point de vue carrière musicale. Le rêve, pour un contrebassiste, Schubert... Mais je suis loin du compte, très loin. Je ne suis qu'un tuttiste. C'est-à-dire que ma place est au troisième pupitre. Au premier pupitre, il y a notre soliste et le second soliste; au deuxième pupitre, le chef d'attaque et son second; et ensuite viennent les tuttistes. Cela n'a pas grand-chose à voir avec la qualité, ce sont des emplois codifiés, voilà tout. Parce qu'il faut bien voir qu'un orchestre, c'est et ça doit être un organisme strictement hiérarchisé, reflétant dans cette mesure la société elle-même. Non pas telle ou telle société, mais la société humaine en général :

Planant très haut au-dessus de tout le monde, il y a d'abord le chef, directeur général de la musique. Puis vient le premier violon, puis le premier second violon, puis le deuxième premier violon, puis les autres premiers et seconds violons, les altos, les violoncelles, les flûtes, les hautbois, les clarinettes, les bassons, les cuivres... et tout à la fin la contrebasse. Après nous, il y a juste encore le percussionniste avec ses timbales; mais ce n'est que théorique, parce que lui est seul et en hauteur, si bien que tout le monde le voit. Quand il intervient, ça s'entend jusqu'aux derniers rangs et chacun se dit : tiens, les timbales. Quand c'est à moi, personne ne dit : tiens, la contrebasse; parce que, n'est-ce pas, je me perds dans la masse. C'est pourquoi, pratiquement, le percussionniste vient avant le bassiste. Bien qu'à strictement parler la timbale ne soit pas un instrument, avec ses quatre notes.

Mais il y a des solos de timbale, par exemple dans le cinquième concerto pour piano de Beethoven, fin du dernier mouvement. Alors tous les gens qui ne regardent pas le pianiste regardent le percussionniste, et dans une grande salle ça fait bien douze à quinze cents personnes. Ils ne sont pas autant à me regarder dans toute une saison.

N'allez pas croire que c'est la jalousie qui me fait parler. La jalousie est un sentiment que je ne connais pas, car je sais ce que je vaux. Mais j'ai le sens de la justice et, dans le monde de la musique, il y a des choses totalement injustes. Le soliste a droit à des avalanches d'applaudissements, le public aujourd'hui se sent brimé si on ne le laisse pas applaudir tout son soûl; le chef récolte des ovations; puis il se tourne vers le premier violon et lui serre la main au moins à deux reprises; parfois, l'orchestre tout entier se lève... Quand vous êtes contrebassiste, vous ne pouvez même pas vraiment vous lever. Quand vous êtes contrebassiste, vous êtes – pardonnez-moi l'expression – ni plus ni moins que de la crotte!

Voilà pourquoi je dis que l'orchestre est un reflet de la société. Car d'un côté comme de l'autre, ceux qui déjà se tapent le sale boulot sont en plus méprisés par tout le monde. C'est même bien pire dans l'orchestre, parce que dans n'importe quelle société j'aurais (je parle en théorie) l'espoir de grimper un jour ou l'autre dans la hiérarchie et de me retrouver au sommet de la pyramide et de regarder de très haut toute cette vermine grouillante... Je dis que je pourrais avoir cet espoir...

Il baisse la voix.

... Mais dans l'orchestre, il n'y a pas d'espoir. Il y règne l'implacable hiérarchie des capacités, l'atroce hiérarchie des choix irrévocables, l'horrible hiérarchie du talent, la hiérarchie inébranlable dictée par les lois de la physique, qui détermine les sonorités

et les fréquences, n'entrez jamais
dans un orchestre!...

Il rit amèrement.

... Oh, il y a bien eu des bouleverse-
ments, prétendument. Le dernier a eu
lieu voilà cent cinquante ans, dans la
disposition de l'orchestre. Weber a
mis alors les cuivres derrière les cordes, c'était une vraie révolution. Pour
les contrebasses, ça n'a rien changé,
on est de toute façon coincé au fond,
aujourd'hui comme à l'époque. On
est là depuis la fin de la basse continue, vers 1750. Et ça ne changera
plus. Et je ne me plains pas. Je suis
réaliste et je me soumets. Je me soumets. Il a bien fallu que j'apprenne,
Dieu sait!...

*Il soupire, boit et reprend des for-
ces.*

... Et cette soumission, je l'assume!
Je suis musicien d'orchestre et je suis
conservateur : je souscris aux valeurs

d'ordre, de discipline, de hiérarchie, et à l'autorité d'un chef. Attention, entendons-nous bien. Quand les Allemands parlent de l'autorité d'un chef, on pense tout de suite à Hitler. Or Hitler était tout au plus wagnérien et, comme vous savez, Wagner me laisse plutôt froid. Wagner, comme musicien (je parle point de vue technique, hein), je dirais qu'il a le niveau du bac. Une partition de Wagner, c'est farci de choses impossibles et de fautes. D'ailleurs, le bonhomme n'était pas capable de jouer d'un seul instrument, à part le piano, et mal. Le musicien professionnel se sent mille fois mieux dans Mendelssohn, sans parler de Schubert. Du reste, Mendelssohn était juif, comme son nom l'indique. Bon. Quant à Hitler, sorti de Wagner, il n'entendait à peu près rien à la musique; d'ailleurs il n'a jamais songé à être musicien, il voulait être architecte, peintre, urbaniste, *et caetera*. Il était tout de même suffisamment lucide, malgré tout ce qu'il avait... d'excessif. De toute façon, les musiciens n'ont pas tellement été séduits par le nazisme. Non, je vous assure, même s'il y a eu Furtwängler, Richard Strauss et autres, je sais, des cas problématiques, mais on a exagéré, parce que ces gens-là n'ont jamais été positivement nazis, jamais de la vie. Le nazisme et la musique (d'ailleurs, Furtwängler l'a écrit, relisez-le), ça ne va pas du tout ensemble. Pas du tout.

Bien sûr qu'à l'époque on a fait de la musique aussi. Évidemment! La musique ne s'arrête pas comme ça! Notre Karl Boehm, par exemple, était alors à l'apogée de sa carrière. Ou Karajan. Même les Français, qui lui ont fait un triomphe, dans Paris occupé; d'un autre côté, les déportés, dans les camps, avaient aussi leurs orchestres, pour autant que je sache. De la même façon que, plus tard, nos prisonniers de guerre ont eu les leurs, dans leurs camps de prisonniers. Car la musique est le propre de l'homme. Par-delà la politique et l'histoire. Un élément constitutif de l'humanité universelle, une composante innée de l'âme humaine et de l'esprit humain. Et la musique existera toujours et partout, à l'est et à l'ouest, en Afrique du Sud comme en Scandinavie, au Brésil comme au goulag. Parce que la musique, justement, est métaphysique. Vous comprenez, méta-physique, donc derrière ou au-delà de la simple existence physique, par-delà le temps et l'histoire et la politique, au-dessus de riches et pauvres, de vie et mort... La musique est... éternelle. Goethe a dit : « La musique se situe à une telle hauteur que nul entendement humain ne saurait la saisir, et elle exerce une action à laquelle nul ne peut se soustraire, sans que personne soit cependant capable d'en rendre compte. »

Je ne peux qu'être d'accord.

Il a prononcé les dernières phrases sur un ton très solennel, puis il se lève, arpente plusieurs fois la chambre nerveusement, puis réfléchit, et se rassoit.

... J'irais même plus loin que Goethe. Je dirais que, au fur et à mesure que je vieillis et que j'avance dans la compréhension intime de la musique, plus je me rends compte que la musique est un insondable secret, un mystère, et que plus on s'y connaît, moins on est capable d'en dire quelque chose de valable. Goethe, avec tout le respect qu'on lui doit, et qu'on a bien raison de lui témoigner aujourd'hui encore, n'était pas à strictement parler musicien. C'était essentiellement un poète et, dans cette mesure, si l'on veut, un spécialiste du rythme et de la mélodie des phrases. Mais il n'avait rien d'un musicien. Comment expliquer autrement les jugements parfois grotesques qu'il a portés sur les musiciens? Mais en matière de mystique, il en connaissait un bout. Je ne sais pas si vous savez qu'il était panthéiste? Sans doute. Or le panthéisme est très proche de la mystique, c'est en somme une émanation de la vision mystique, comme on en trouve aussi

dans le taoïsme et la mystique hin-
doue *et caetera*, et puis à travers tout
le Moyen Age et la Renaissance *et caetera*, jusqu'à ce que ça ressorte entre
autres au XVIIIe siècle dans la franc-
maçonnerie... Or, Mozart était franc-
maçon, vous êtes sûrement au courant. Mozart a adhéré relativement
jeune à la franc-maçonnerie, en tant
que musicien, et je pense (d'ailleurs,
je suis convaincu qu'il en était lui-
même conscient) que c'est une
preuve à l'appui de ma thèse selon
laquelle, pour Mozart aussi, la musique était en fin de compte un mystère
et qu'à l'époque il se sentait dans une
impasse idéologique... Je ne sais pas,
c'est peut-être un peu compliqué pour
vous, parce que vous n'avez sans doute
pas les connaissances indispensables.
Mais moi, qui me suis penché sur ces
questions pendant des années, je peux
vous dire une chose : c'est que
Mozart (compte tenu de tout ça) est
très surestimé. Comme musicien, Mozart est *très* surestimé. Non, sans bla-
gue... Je sais bien qu'aujourd'hui ce

n'est pas la mode de dire ça, mais je peux vous assurer, moi qui me suis penché sur ces questions pendant des années, et qui les ai étudiées professionnellement, que Mozart, comparé à des centaines de ses contemporains aujourd'hui oubliés bien à tort, il n'a pas inventé le fil à couper le beurre; et précisément parce que c'était un petit prodige et qu'il s'est mis à composer dès l'âge de huit ans, il était naturellement au bout du rouleau dans les moindres délais. Et le principal coupable dans l'affaire, c'est son père, voilà le scandale. Moi, jamais mon fils, si j'en avais un... et il pourrait bien être dix fois plus doué que Mozart, car ça n'a rien d'extraordinaire, qu'un enfant compose; n'importe quel enfant compose, si vous le dressez comme un singe, ce n'est pas un tour de force, mais c'est torturer l'enfant, c'est le maltraiter d'une façon qui est aujourd'hui punie par la loi, et à juste titre, car on doit respecter la liberté de l'enfant. Bon, ça c'est une chose. Et l'autre chose c'est qu'à l'époque où Mozart composait, il n'existait encore pratiquement rien. Beethoven, Schubert, Schumann, Weber, Chopin, Wagner, Strauss, Leoncavallo, Brahms, Verdi, Tchaïkovski, Bartok, Stravinski... je ne peux pas vous énumérer tout ce qui, à l'époque... Quatre-vingt-quinze pour cent de la musique qu'aujourd'hui tout le monde connaît par cœur et doit connaître, sans même parler d'un professionnel comme moi, eh bien à l'époque elle n'existait pas! Elle n'est venue qu'*après* Mozart! Mozart n'en avait pas la moindre idée!... La seule chose bien qu'il y avait à l'époque, hein, la seule, c'était Bach, et il était complètement oublié, vu qu'il était protestant, et c'est nous qui avons dû d'abord le redécouvrir. Et c'est pour ça que la situation, pour Mozart, à l'époque, était incomparablement plus simple. Il avait le champ libre. On pouvait se ramener, la gueule enfarinée, et jouer et composer sans s'en faire, pratiquement à sa guise. Et puis les gens, à l'époque, étaient bon public. Dans ce temps-là, j'aurais été un virtuose mondialement connu. Mais ça, Mozart n'a jamais voulu en convenir. A la différence de Goethe, qui sur ce point était tout de même le plus honnête des deux. Goethe a toujours dit qu'il avait de la chance, parce qu'à son époque la littérature était autant dire une table rase. Oui, il a eu de la chance. Un sacré coup de pot, pour parler clair. Et Mozart, lui, n'en a jamais convenu. Pour ça, je lui en veux. Je n'y vais pas par quatre chemins, je dis ce que j'ai sur le cœur, parce que ça m'agace. Et, soit dit en passant : ce que Mozart a écrit pour la contrebasse, ça ne vaut même pas qu'on en parle; sauf peut-être le dernier acte du *Don Juan*... Sinon, le bide. J'en ai terminé avec Mozart. A présent, il faut que je boive un coup...

Il se lève et va se cogner dans la contrebasse. Il hurle.

Mais, bon Dieu, fais attention! Toujours dans mes jambes, espèce d'abrutie! Pouvez-vous me dire comment fait un homme de trente-cinq ans, je veux parler de moi, pour vivre continuellement avec un instrument qui est un handicap permanent?! Un handicap humain, social, un handicap dans ses déplacements, un handicap sexuel et musical, et rien qu'un handicap?! Qui est une perpétuelle marque d'infamie?! Vous pouvez m'expliquer ça?... Pardonnez-moi de crier ainsi. Mais je peux crier autant que je veux, ici. Personne n'entend, avec ces panneaux isolants. Personne au monde... Mais elle ne perd rien pour attendre, un de ces jours je lui casserai les reins...

Il s'éloigne, pour aller chercher une autre bière.

Mozart, l'ouverture de Figaro.

Fin de la musique. Il revient. Pendant qu'il se sert sa bière :

Un mot encore, à propos d'érotisme. Cette petite chanteuse, une merveille. Elle est plutôt petite, avec des yeux tout à fait noirs. Peut-être qu'elle est juive. Personnellement, je m'en fiche. En tout cas, elle s'appelle Sarah. Ce serait une femme pour moi. Vous savez, jamais je ne pourrais tomber amoureux d'une violoncelliste, ni davantage d'une altiste. Bien que (je parle point de vue instrument) la contrebasse a des harmoniques qui se marient merveilleusement à l'alto : symphonie concertante de Dittersdorf. Le trombone va bien aussi. Ou le violoncelle. D'ailleurs, la plupart du temps, contrebasse et violoncelle jouent à l'octave. Mais humainement, ça ne marche pas. Pas pour moi. En tant que bassiste, il me faut une femme qui représente tout l'opposé de moi : la légèreté, la musicalité, la beauté, la chance, la gloire, et il faut qu'elle ait de la poitrine...

J'ai été à la bibliothèque de musique et j'ai cherché s'il y avait quelque chose pour nous. En tout, deux airs pour soprano et contrebasse obligée. Deux airs ! De nouveau, naturellement, de ce Johann Sperger parfaitement inconnu, mort en 1812. Et puis une nonnette de Bach, la cantate 152; mais neuf exécutants, c'est déjà quasiment un orchestre. Il ne reste donc que deux morceaux que nous jouerions seuls ensemble. Avec ça, on ne va pas loin, naturellement. Vous permettez que je boive.

De quoi a besoin une soprane, en fait? Ne nous faisons pas d'illusions! Une soprane a besoin de quelqu'un qui la fasse travailler. D'un bon pianiste. Ou mieux, d'un chef d'orchestre. Un metteur en scène fait encore l'affaire. Même un régisseur a plus de valeur pour elle qu'un bassiste... Je crois qu'il y a eu quelque chose entre elle et notre directeur technique. Pourtant, ce mec est un parfait bureaucrate. Le type même du fonctionnaire, sans le moindre sens musical. Un vieux satyre, un tas de graisse. Pédé, en plus... Peut-être, après tout, qu'il n'y a rien eu entre eux. Franchement, je n'en sais rien. Du reste, je m'en ficherais complètement. D'un

autre côté, ça me ferait de la peine.
Parce que je ne pourrais pas coucher
avec une femme qui couche avec
notre directeur technique. Jamais je
ne pourrais lui pardonner ça. Mais on
n'en est pas encore là. Pour le
moment, c'est à se demander si on en
sera jamais là, car elle ne me connaît
même pas. Je ne crois pas qu'elle
m'ait déjà remarqué. Comme musicien, sûrement pas, comment aurait-
elle pu?! Tout au plus à la cantine.
Mais elle vient rarement à la cantine.
Elle est souvent invitée. Par des chanteurs plus âgés. Des célébrités de passage. Dans des restaurants de poisson
très chers. Une fois, j'ai regardé. La
sole coûte cinquante-deux marks,
dans ces boîtes. Je trouve ça ignoble.
Je trouve ignoble qu'une fille aille
avec un ténor de cinquante berges...
Excusez, mais ce type touche plus de
trente-six mille marks pour deux soi-
rées! Vous savez ce que je gagne?
Impôts déduits, mille huit cents par
mois. Quand on enregistre un disque,
ou que je vais faire un remplacement

ailleurs, je peux me faire un petit supplément. Mais normalement, je gagne mille huit cents, impôts déduits. C'est ce que gagne aujourd'hui un petit employé de bureau, ou un étudiant qui a un job. Et qu'est-ce qu'ils ont comme formation? Ils n'ont aucune formation. Moi, j'ai passé quatre ans au Conservatoire Supérieur de Musique; j'ai été formé à la composition par le professeur Krautschnick, à l'harmonie par le professeur Riederer; je répète trois heures le matin et je joue quatre heures le soir, et quand je ne joue pas, il faut que je sois à côté de mon téléphone, et je ne peux pas me coucher avant minuit, et avec tout ça on voudrait encore que je travaille mes partitions, bon Dieu de bois, si je n'étais pas assez doué pour déchiffrer directement, il faudrait que je travaille quatorze heures par jour!...

Mais je pourrais aller dans un restaurant de poisson, si je voulais. Et je casquerais cinquante-deux marks pour une sole, s'il le fallait. Et je le ferais sans sourciller, là vous me connaissez mal. Mais je trouve ça ignoble. En plus, ces messieurs sont tous plus mariés les uns que les autres... Je vous prie de croire que si elle venait me trouver (mais c'est vrai qu'elle ne me connaît pas) et qu'elle me dise : « Allons, mon chéri, manger une sole! », je dirais : « Bien sûr, mon cœur, pourquoi pas; allons manger une sole, ma beauté, et même si elle coûte quatre-vingts marks, je m'en fiche. » Car je suis galant avec la femme que j'aime, galant jusqu'au bout des ongles. Mais je trouve ça ignoble, que cette jeune femme sorte avec ces messieurs. Je trouve que c'est ignoble! La femme que j'aime, *moi*! ne va pas dans des restaurants de poisson avec des messieurs! Soir après soir!... Bien sûr, elle ne me connaît pas, mais... mais c'est bien la *seule* excuse qu'elle ait! Quand elle me connaîtra..., quand elle aura fait ma connaissance..., c'est peu vraisemblable, mais..., une fois que nous nous connaîtrons, alors... je ne le lui enverrai pas dire, ça vous pouvez me croire, je vous en fiche mon billet, parce que... parce que...

Il se met soudain à hurler.

... je ne tolérerai pas que ma femme, sous prétexte qu'elle est soprane et qu'un jour elle chantera Dorabella ou Aïda ou la Butterfly, et que je ne suis qu'un contrebassiste... je ne tolérerai pas pour autant... qu'elle aille dans des restaurants de poisson... je ne laisserai pas faire... excusez-moi... je vous demande pardon... il faut que je me... modère un peu... je crois... que je me modère... Est-ce que vous pensez... qu'une femme... peut vouloir d'un type comme moi?...

Il est allé jusqu'à la platine et a mis un disque.

L'air de Dorabella... tiré du deuxième acte... *Cosi fan tutte.*

*Pendant que la musique com-
mence, il se met à sangloter sans
bruit.*

Vous savez, quand on l'entend
chanter, on ne la croirait pas capable
de choses pareilles. Bien sûr, pour
l'instant, on ne lui donne que de petits
rôles : deuxième fille-fleur dans *Parsi-
fal*, dans *Aïda* la chanteuse du temple,
la cousine de Madame Butterfly, des
choses de ce genre. Mais quand j'entends comme elle chante, je vous le
dis franchement, j'en ai le cœur serré,
je ne peux pas mieux dire. Et ensuite,
cette fille va dans un restaurant de
poisson avec le premier de ces salo-
pards aux gros cachets! Manger des
fruits de mer ou une bouillabaisse!
Pendant que l'homme qui l'aime est
planté dans une pièce insonorisée et
ne fait que penser à elle, avec rien
d'autre entre les mains que cet instrument informe dont il est incapable
de tirer la moindre note qu'elle
chante!...

Vous savez de quoi j'ai besoin? J'ai besoin, toujours, d'une femme que je n'aurai jamais. Mais une femme que j'aurai aussi peu qu'*elle*, là je peux aussi bien m'en passer.

Un jour, j'ai voulu précipiter les choses, à une répétition d'*Ariane à Naxos*. Elle chantait l'Écho, c'est peu de chose, quelques mesures seulement; et le metteur en scène ne la faisait descendre qu'une seule fois jusqu'à la rampe. De là, elle aurait pu me voir, si elle avait regardé, si elle n'avait pas eu les yeux rivés sur le chef... Je me suis dit : si je fais quelque chose, si j'attire son attention... que je fiche ma basse par terre, ou que je flanque mon archet dans le violoncelliste de devant, ou simplement que je joue terriblement faux... dans *Ariane*, ça se serait peut-être entendu, on n'est que deux contrebasses...

Et puis j'ai laissé tomber. Les choses sont toujours plus faciles à dire qu'à faire. Et puis vous ne connaissez pas notre chef, il prend toute fausse note pour un affront personnel. Et d'ailleurs j'aurais trouvé ça trop puéril, d'inaugurer mes relations avec elle par une fausse note... et puis vous savez, quand vous jouez dans un orchestre, que vous travaillez en collaboration avec les collègues, se mettre tout d'un coup à dérailler exprès, comme qui dirait avec préméditation..., eh bien j'en suis incapable. Je dois tout de même être un musicien trop foncièrement honnête, quelque part, et je me suis dit : s'il faut que tu joues faux pour qu'elle s'aperçoive que tu existes, il vaut encore mieux qu'elle ne s'aperçoive pas que tu existes. Vous voyez, je suis comme ça.

Alors, j'ai essayé de jouer merveilleusement bien, autant que c'est possible avec cet instrument. Et je me suis dit : ça sera un signe; si elle remarque comme je joue bien, et si elle regarde par ici, qu'elle regarde à cause de moi, alors ce sera la femme de ma vie, ma Sarah pour l'éternité. Et si elle ne regarde pas, alors tout sera fini entre nous. Eh oui, on a de

ces superstitions, dans les affaires de
cœur... Eh bien, elle n'a pas regardé.
A peine j'ai commencé à jouer, elle
s'est levée, comme prévu dans la mise
en scène, et elle est partie vers le
fond. D'ailleurs, personne n'a rien
remarqué. Ni le chef, ni Haffinger, la
première basse, juste à côté de moi;
même lui, il ne s'est pas aperçu que je
jouais de façon éblouissante...

Vous allez souvent à l'Opéra? Imaginez que vous alliez à l'Opéra, disons
ce soir, grande première de *L'Or du
Rhin*. Plus de deux mille personnes en
robes du soir et costumes sombres.
Ça sent les femmes sortant de leur
salle de bain, ça sent le parfum et le
déodorant. On voit briller la soie des
smokings, briller les bourrelets de
graisse au-dessus des cols, on voit
étinceler les diamants. Au premier
rang, le Premier Ministre avec sa
famille, les membres de son cabi-
net, des personnalités internationales.
Dans la loge du Directeur, le Directeur avec sa femme, sa petite amie, sa
famille, ses hôtes de marque. Dans la

loge du chef en titre, le chef en titre avec sa femme et ses hôtes de marque. Tout le monde attend Carlo Maria Giulini, le héros de la soirée. On ferme doucement les portes, le lustre remonte, les lumières s'éteignent, tout le monde embaume et tout le monde attend. Giulini fait son entrée. Applaudissements. Il salue. Cela fait flotter ses cheveux lavés de frais. Puis il se retourne vers l'orchestre, derniers toussotements, silence. Il lève les bras, cherche le regard du premier violon, petit signe de tête, ultime regard, tout dernier toussotement...

Et alors, à cet instant sublime où l'Opéra, c'est l'univers, à cet instant qui est celui de la création du monde, en plein dans ce moment d'attente et de tension générale où tout le monde retient sa respiration, où les trois filles du Rhin sont déjà comme clouées sur place derrière le rideau qui va se lever, voilà que du fond de l'orchestre, de là où sont alignées les contrebasses, jaillit le cri d'un cœur gonflé d'amour...

Il crie.

SARAH!!!

Un effet colossal!... Le lendemain, c'est dans tous les journaux, je suis viré de l'Orchestre National, je vais sonner chez elle, un bouquet de fleurs à la main, elle ouvre, elle me voit pour la première fois, je suis là debout comme un héros et je lui dis : « Je suis l'homme qui vous a compromise, parce que je vous aime. » Nous tombons dans les bras l'un de l'autre, fusion, félicité, bonheur suprême, le monde s'abîme autour de nous. Amen...

Naturellement, j'ai essayé de me sortir Sarah de la tête. Il est probable qu'humainement elle ne fait pas du tout le poids; qu'elle n'a pas le moindre caractère; que son intellect est irrémédiablement sous-développé;

qu'elle n'est absolument pas à la hauteur d'un homme de ma carrure...

Seulement, à chaque répétition, j'entends sa voix, cette voix, cet organe divin... Vous savez, une belle voix est intelligente par elle-même, même si la femme est idiote, je trouve; c'est ce qu'il y a d'affreux, dans la musique.

Et puis, il y a l'aspect érotisme. Un domaine auquel nul être humain n'échappe. J'exprimerai les choses ainsi : quand elle chante, Sarah, ça me prend tellement aux tripes que c'en est presque sexuel. Mais n'allez pas comprendre ça de travers. Seulement, parfois, je me réveille la nuit en hurlant. Je hurle parce qu'en rêve je l'entends chanter, Dieu du ciel! Heureusement que la pièce est insonorisée. Je suis trempé de sueur, et puis je me rendors... et je suis de nouveau réveillé par mes propres hurlements. Et ça continue comme ça toute la nuit : elle chante, je hurle, je me rendors, elle chante, je hurle, je me rendors, et ainsi de suite… C'est ça, la sexualité.

Mais parfois (puisque nous en sommes à parler de ça) elle m'apparaît aussi le jour. Juste dans mon imagination, naturellement. Je… c'est drôle à dire… je m'imagine alors qu'elle est là devant moi, tout près, comme est maintenant ma basse. Et je ne pourrais pas me retenir, il faudrait que je la prenne dans mes bras… comme ça… et avec l'autre main comme ça… comme si elle tenait l'archet, en somme… en passant sur ses fesses… ou de l'autre côté, comme ça, en passant par-derrière comme avec la basse, et en mettant la main gauche sur ses seins, comme en position trois sur la corde de sol… en solo… un peu difficile à se représenter… et de la main droite, par l'extérieur, avec l'archet, là, en bas, et puis comme ça, comme ça, comme ça…

Il tripote et manipule l'instrument avec de grands gestes désordonnés, puis y renonce et se laisse tomber,

*épuisé, dans le fauteuil. Il se reverse
de la bière.*

...

... Je suis un manuel. Intérieurement,
je suis un manuel. Je ne suis pas un
musicien. Je ne suis sûrement pas
plus doué pour la musique que vous.
J'aime la musique. Je suis capable
d'entendre quand une corde est mal
accordée, et de faire la différence
entre un ton et un demi-ton. Mais je
suis incapable de jouer *une seule*
phrase musicale. Pas capable de jouer
bien une seule note... tandis qu'elle
ouvre la bouche, et tout ce qui en sort
est magnifique! Et même si elle fait
cent fautes, c'est magnifique! Et ça
ne tient pas à l'instrument. Vous
n'imaginez tout de même pas que
Schubert commence sa huitième symphonie avec un instrument sur lequel
il serait impossible de bien jouer?
Vous croyez que c'est qui, Schubert?!... Mais *moi*, je ne peux pas. Ça
tient à moi.

Techniquement, je peux tout vous

jouer. Techniquement, j'ai eu une excellente formation. Techniquement, si je veux, je vous joue n'importe quelle suite de Bottesini (c'est le Paganini de la contrebasse), il n'y en a pas beaucoup qui feraient aussi bien que moi. Techniquement, si je me décidais à travailler vraiment, mais je ne travaille pas, parce qu'avec moi ça n'a pas de sens, je n'ai pas l'étoffe, parce que s'il ne me manquait pas quelque chose à l'intérieur, au niveau musical (et ça je peux en juger, le manque n'est pas à ce point, ça j'en suis encore capable... et c'est l'avantage que j'ai encore sur d'autres...). Je me contrôle, je sais encore, Dieu merci, ce que je suis et ce que je ne suis pas, et si à trente-cinq ans je suis fonctionnaire titulaire à l'Orchestre National, je ne suis tout de même pas assez bête pour croire encore, comme d'autres, que je suis un génie! Un génie fonctionnaire! Un génie méconnu, fonctionnarisé pour son malheur, et qui jouerait de la contrebasse à l'Orchestre National...

J'aurais pu apprendre le violon, à ce compte-là, ou la composition, ou la direction d'orchestre. Mais je n'ai pas l'étoffe. J'en ai tout juste assez pour grattouiller sur un instrument que je n'aime pas, sans que les autres s'aperçoivent à quel point je suis mauvais. Pourquoi je fais ça?...

Il se met soudain à crier.

... Pourquoi *pas*?! Pourquoi est-ce que je m'en tirerais mieux que vous? Oui, que vous! Bande de comptables! De techniciens des ventes! De préparateurs en pharmacie! Bande de juristes diplômés!

Dans sa fureur, il est allé ouvrir tout grand la fenêtre. Le bruit de la rue entre à flots.

... A moins que vous n'apparteniez comme moi à la classe privilégiée de ceux qui ont encore le droit de travailler de leurs mains? Peut-être aussi que vous êtes parmi ceux qui, huit

heures par jour, cassent des chapes de
béton à coups de marteau-piqueur?
Ou l'un de ceux qui passent leur vie à
balancer les poubelles dans les camions de la voirie, pour en faire tomber les ordures, huit heures durant?
Est-ce que c'est *ça* qui correspond à
vos talents? Est-ce que vous seriez
vexé s'il arrivait qu'un autre balance
les poubelles mieux que vous? Êtes-
vous comme moi tout plein d'idéa-
lisme et d'abnégation pour votre tra-
vail? J'appuie sur ces quatre cordes
avec les doigts de ma main gauche, à
les faire saigner; et je frotte dessus avec
un archet en crin, à ne plus sentir
mon bras droit; et je produis de la sorte
un bruit dont des gens ont besoin,
un bruit. La seule chose qui me dis-
tingue de vous, c'est qu'à l'occasion
je travaille en habit de soirée...

Il referme la fenêtre.

... Et l'habit, il m'est fourni. Il n'y a
que la chemise, qui est à ma charge.
Il va falloir que je me change.

Excusez-moi. Je me suis énervé. Je ne voulais pas. Je ne voulais pas vous froisser. Chacun de nous tient sa place et fait de son mieux. Et ce n'est pas à nous de venir demander comment chacun en est arrivé là, ni pourquoi il y reste, ni s'il y restera...

Des fois, j'imagine vraiment des cochonneries, excusez-moi. Tout à l'heure, quand je me représentais Sarah là, devant moi, sous la forme d'une contrebasse, elle, la femme de mes rêves, une contrebasse. Elle, cet ange, qui est musicalement tellement au-dessus de moi... qui plane... je me la suis représentée sous la forme de cette saloperie de caisse, je l'ai tripotée avec mes sales doigts couverts de corne, je l'ai caressée avec ce sale archet pourri... Beurk... C'est des cochonneries, ça me prend tout d'un coup par bouffées, des fois, quand je réfléchis, c'est instinctif, c'est plus fort que moi. Par nature, je ne suis pas un être d'instinct. Par nature, je me tiens. C'est seulement quand je réfléchis que l'instinct prend le des-

sus. Quand je réfléchis, mon imagination m'emporte au grand galop et me
flanque par terre.

« La pensée », dit un de mes amis
qui fait ses études de philosophie
depuis vingt-deux ans et qui va passer
son troisième cycle, « la pensée est
une affaire trop complexe pour qu'on
laisse le premier venu y bricoler en
amateur ». Lui (cet ami) n'aurait pas
idée de se mettre au piano pour jouer
comme ça la sonate « Hammerkla-
vier ». Parce qu'il n'en est pas capable. Mais tout le monde croit être
capable de penser, et tout le monde
pense à tort et à travers, et c'est la
grosse erreur à l'heure actuelle, dit
cet ami, et c'est ce qui déclenche
toutes ces catastrophes, où nous lais-
serons notre peau l'un de ces jours,
tous autant que nous sommes. Et moi
je dis qu'il a bien raison. Je n'en dirai
pas plus. Il faut que je me change, à
présent.

Il s'éloigne pour aller chercher ses vêtements et continue à parler tout en se changeant.

Je suis membre (excusez-moi de parler un peu plus fort, mais quand j'ai bu de la bière, je parle plus fort), je suis membre de l'Orchestre National, et autant dire fonctionnaire, donc on ne peut pas me licencier... Je dois tant d'heures par semaine, j'ai cinq semaines de congés payés. En cas de maladie, j'ai la sécurité sociale. Tous les deux ans, nos salaires sont réajustés automatiquement. Je suis assuré d'avoir une retraite. Je suis assuré de tous les côtés...

Vous savez... il y a des fois où ça me flanque une peur terrible, je... je... je n'ose même plus sortir de chez moi, tellement je suis assuré! Quand je suis libre (je suis très souvent libre), je préfère rester chez moi, tellement j'ai peur, comme maintenant, comment vous expliquer? C'est une oppression, un cauchemar, j'ai une peur dingue de cette sécurité, c'est comme une claustrophobie, une psychose de l'emploi stable – surtout comme contrebassiste. Car un bassiste *free lance*, ça n'existe pas. Où voulez-vous que ça existe? Le bassiste est fonctionnaire à perpétuité. Même notre chef d'orchestre en titre n'a pas cette sécurité. Notre chef en titre a un contrat pour cinq ans. Si on ne le renouvelle pas, il est viré. En théorie, du moins. Ou prenez le directeur. Le directeur est tout-puissant, mais on peut le virer. Notre directeur ferait monter (je prends un exemple) un opéra de Henze, il serait viré. Pas tout de suite, mais ça ne tarderait pas. Parce que Henze est communiste et qu'un théâtre subventionné n'est pas là pour ça. Ou encore, il peut y avoir une magouille politique...

Moi, en revanche, je ne serai jamais viré. Je peux jouer comme ça me chante, ou pas, je ne serai pas viré. Bon, vous allez me dire : c'est les risques du métier; ça a toujours été comme ça; un musicien d'orchestre a

toujours eu un emploi fixe; aujourd'hui, il est fonctionnaire, il y a
deux cents ans, il était appointé par la
Cour. Mais en ce temps-là, au moins,
le prince pouvait mourir, et alors il
pouvait se faire que l'orchestre soit
dissous, en théorie. Aujourd'hui, c'est
complètement exclu. Impensable.
Quoi qu'il arrive. Même en pleine
guerre (je le sais par des collègues
plus âgés), on était sous les bombar-
dements, tout était détruit, la ville
n'était plus qu'un tas de décombres et
de cendres, l'Opéra brûlait comme
une torche : mais au sous-sol, l'Orchestre National était là, répétition à
neuf heures du matin. C'est désespérant. Bon, naturellement, je pourrais
démissionner. Certes. Je peux me
pointer et dire : je démissionne. Ce
serait pas banal. Il n'y en a pas beaucoup qui l'ont fait. Mais je pourrais le
faire, ce serait légal. Du coup, je
serais libre... Oui, et alors? Qu'est-ce
que je deviendrais? Je serais à la
rue...

C'est désespérant. Une situation

lamentable, qu'on la prenne par un bout ou par l'autre...

Un temps. Il se calme. La suite sur le ton de la confidence.

A moins que ce soir je foute en l'air le spectacle en criant : Sarah. Ce serait un geste digne d'Érostrate. En présence du Premier Ministre. Pour la plus grande gloire de Sarah – et pour mon licenciement. Du jamais vu. Le cri de la contrebasse. Peut-être que ça déclenchera la panique. Ou que le gorille du Premier Ministre me descendra. Une bavure. Par réflexe intempestif. Ou qu'il descendra le chef d'orchestre. En tout cas, il se passerait quelque chose. Ma vie changerait du tout au tout. Ce serait un tournant décisif dans ma biographie. Et même si ça ne me fait pas avoir Sarah, elle ne m'oubliera jamais. Je deviendrai une anecdote inoubliable de sa carrière, de sa vie. Rien que ça, ça vaut la peine de crier. Et je serais viré... viré... comme un directeur.

Il s'assoit et prend encore une grande gorgée de bière.

Peut-être que je vais le faire vraiment. Peut-être que je vais y aller, tel que vous me voyez, me camper sur mes jambes et pousser ce cri... Mes aïeux!... Autre possibilité, la musique de chambre. Être bien gentil, travailler, répéter, beaucoup de patience, premier bassiste dans un orchestre de deuxième catégorie, un petit ensemble de musique de chambre, un octette, un disque, être le type sur qui on peut compter, docile, se faire une petite réputation, tout modestement, et attendre d'être mûr pour *La Truite*...

A mon âge, Schubert était déjà mort depuis trois ans.

Il faut que j'y aille. Ça commence à sept heures et demie. Je vous mets un disque avant de partir. Schubert, le quintette pour piano, violon, alto, violoncelle et contrebasse, en la majeur, composé en 1819, à l'âge de vingt-deux ans, sur la commande d'un directeur des mines de Styrie...

Il met le disque.

Et maintenant je m'en vais. Je vais à l'Opéra et je crie. Si j'ai le courage. Vous le saurez en lisant les journaux demain matin. Au revoir !

Ses pas s'éloignent. Il sort de la pièce, puis on entend se refermer la porte de l'immeuble. Au même moment, la musique commence : Schubert, quintette La Truite, *premier mouvement.*

Le Livre de Poche Biblio

Extrait du catalogue

IMPRIMÉ EN FRANCE PAR BRODARD ET TAUPIN
Usine de La Flèche (Sarthe).
LIBRAIRIE GÉNÉRALE FRANÇAISE - 6, rue Pierre-Sarrazin - 75006 Paris.

ISBN : 2 - 253 - 05783 - 5   ◈ 30/7308/7